ARCHIVES DU CALVADOS

RAPPORT

DE

L'ARCHIVISTE DU DÉPARTEMENT

SUR LE

SERVICE DES ARCHIVES DÉPARTEMENTALES

COMMUNALES ET HOSPITALIÈRES

Pendant l'exercice 1889-1890

CAEN

PAGNY, IMPRIMEUR DE LA PRÉFECTURE

27, RUE FROIDE, 27

1890

ARCHIVES DU CALVADOS

RAPPORT

DE

L'ARCHIVISTE DU DÉPARTEMENT

SUR LE

SERVICE DES ARCHIVES DÉPARTEMENTALES

COMMUNALES ET HOSPITALIÈRES

Pendant l'exercice 1889-1890

CAEN

PAGNY, IMPRIMEUR DE LA PRÉFECTURE

27, RUE FROIDE, 27

1890

ARCHIVES DÉPARTEMENTALES

RAPPORT DE L'ARCHIVISTE

DU DÉPARTEMENT

sur le service des archives départementales, communales et hospitalières

Caen, le 1ᵉʳ juillet 1890

Monsieur le Préfet,

Le chiffre des communications faites aux Archives du Calvados, pendant l'exercice qui vient d'être clos, s'élève à 1,735, sans compter les remises d'imprimés, recueils des actes administratifs et cartes du département Ce chiffre dépasse de beaucoup le double de la moyenne des communications faites annuellement dans les divers dépôts départementaux, dont le total figure dans le dernier rapport officiel du Ministère.

Je tiens, au début de ce compte rendu, à enregistrer ce résultat, pour constater d'un mot les services rendus par les Archives. Ils seraient plus considérables encore si les travaux de classement et d'inventaire étaient plus avancés, mais il reste encore fort à faire pour mettre définitivement et complétement nos riches collections à la portée de l'administration et du public.

Pourtant cette longue tâche de l'organisation systématique de notre important dépôt a été poursuivie chaque jour, comme l'ont constaté chaque année les rapports du Ministère de l'Instruction publique ou de l'Inspection générale. Je crois qu'il n'est pas inutile de résumer les résultats obtenus depuis 5 ans.

Pour ne parler que de la section historique, son inventaire comprenait en 1885, sauf les 271 articles de la série A, qui seront refaits, 2497 articles de la série C.

Aujourd'hui la série C (administrations provinciales) dépasse l'article 6,200.

Trois nouvelles séries ont été entreprises et poursuivies :

La série E (titres féodaux et titres de famille), jusqu'à l'article 1037 ;

La série F (fonds divers civils), jusqu'à l'article 598 ;

La série H (abbayes), jusqu'à l'article 1261 ;

En outre, le travail a été commencé pour les archives communales (série E supplément) et pour les archives hospitalières (série H supplément).

La série E supplément comprend aujourd'hui 320 articles, et la série H supplément 1484.

En 1885 : **2,768** articles.

En 1890 : **11,171** articles.

Ces résultats ont été appréciés par M. l'Inspecteur général des archives, dont la visite a motivé la dépêche ministérielle annexée à ce rapport.

Après cette constatation préliminaire, j'ai l'honneur, en conformité de l'article 4 du règlement général en date du 6 mars 1843, et en suivant l'ordre prescrit par la circulaire ministérielle du 23 juin 1875, de vous adresser mon rapport annuel sur le service des Archives départementales, communales et hospitalières, du 1er juillet 1889 au 30 juin 1890.

I. — LOCAL

Il reste à terminer quelques appropriations, nécessitées dans le bâtiment des Archives par les travaux de reconstruction de la nouvelle salle du Conseil général.

II. — RÉINTÉGRATIONS ET DONS D'ARCHIVES ANCIENNES

1° *Réintégrations*. — Des Archives communales de Meuvaines, 3 pièces, papier, de 1581 à 1700, sur l'église paroissiale, et la chapelle succursale de Marronne, son annexe ;

Des Archives communales de Saint-Côme-de-Fresné, 1 forte liasse de pièces, papier et parchemin, remontant à l'année 1317, concernant l'église paroissiale de Saint-Côme et Saint-Damien de Fresné-sur-la-Mer.

2° *Donations*. — De M. de Beaumont, propriétaire à Caen, 1 cahier de 80 feuillets, parchemin, contenant l'état et distribution de l'adjudication finale, au bailliage de Torigny, du décret des maisons et héritages ayant appartenu à Julien-Gervais Auvray, sieur du Taillis (1761).

De M. de Courson, propriétaire à Amblie, 8 pièces, contenant les rapports et correspondance du général Berthier, en suite de sa mission sur les côtes de l'Océan (an VIII) : Calvados, Eure et Manche.

De M. Danjon, professeur à la Faculté de droit de Caen :

1° 19 liasses de documents concernant les biens de l'abbaye de Saint-Etienne de Caen dans la paroisse d'Allemagne. Ces liasses, cotées 1 à 5 et 7 à 20, avaient été distraites du fonds de l'abbaye pour être remises, comme titres de propriété, à des acquéreurs de biens nationaux. Elles viennent très heureusement combler des lacunes de notre volumineux fonds de St-Etienne.

2° 151 plans dressés par Jean Romain et J.-B.P.

Harou-Romain, architectes du département du Calvados, concernant les édifices suivants :

Caen. — Préfecture, Salle électorale et de fêtes publiques dans l'Hôtel-de Ville, Palais de Justice, Tribunal civil, Maison d'arrêt et prison, Chapelle des prisons, Hospice pour les fous pour le département du Calvados, Hôpital civil et militaire « sur l'emplacement de l'Hôtel-Dieu actuel », rue Saint-Jean.

Bayeux. — Prisons, Maison d'arrêt et prison municipale, Grand séminaire.

Beaulieu. — Maison centrale.

Falaise. — Sous-préfecture, Tribunaux de 1re instance et de commerce, Prisons.

Lisieux. — Caserne de gendarmerie.

Pont-l'Evêque. — Sous-préfecture, Tribunal de 1re instance, Gendarmerie, Prisons, Maison d'arrêt.

Villers-Bocage. — Eglise.

Vire. — Sous-préfecture, Caserne de gendarmerie, Maison d'arrêt et Prison municipale.

Cette importante donation mérite une mention spéciale. Voir en outre Chapitre XI, Bibliothèque.

De M. Deslandes, curé de Robehomme, 1 liasse de pièces du chartrier d'Escoville, à joindre à ses donations précédentes ; 1 liasse de pièces, remontant à 1317, sur l'abbaye de Troarn ; 1 parchemin concernant la seigneurie de Basseneville (XVe siècle).

De M. Galand, professeur au lycée de Caen : le
« Registre des Batêmes, mariages et sépultures admi-
« nistrez et célébrez en l'église prétendue réformée de
« Fresne, qui assemble au village de La Torière, par
« moy soussiné Pierre de Haupais, ministre de laditte
« église », du 1 janvier 1668 au 10 sept. 1669.

De M. de Petiville, membre du Conseil général : 3 liasses de documents concernant diverses familles, à intercaler dans le supplément du fonds important qui porte son nom (Série F.).

III. — Versements de papiers administratifs

Versements sur bordereaux : 349 articles, paquets, liasses ou registres.

IV. — Vente de papiers inutiles

Il n'a pas été effectué, pendant le dernier exercice, de vente de papiers inutiles.

V. — Classements

Parmi les classements, je signalerai particulièrement :

Dans la série D, la mise en ordre d'une partie du fonds de l'Université, en vue de l'inventaire qui va être incessamment commencé pour la publication entreprise par les Facultés de Caen, à l'occasion de l'inauguration du palais universitaire ;

Dans la série H, le classement des abbayes d'Aunay et de Barbery ;

Dans la série L, la suite du triage définitif du fonds révolutionnaire.

VI. — Rédaction de l'inventaire

Série C. — Plus de 300 articles, dont je rendrai compte après le numérotage définitif.

Série H. — La série H (clergé régulier) est la plus importante des Archives, par l'antiquité des documents qu'elle renferme. Il m'a semblé qu'il importait de ne pas la laisser plus longtemps sans inventaire, et qu'il y avait intérêt à la mettre effectivement à la disposition des chercheurs. Les deux premiers fonds (Ardennes et Aunay) sont aujourd'hui inventoriés.

Abbaye d'Ardennes. — H. 1-659.

Les documents remontent à la fondation par *Aiulfus de Foro*, 1138). Parmi les priviléges, à citer les chartes de Richard Cœur-de-Lion. Une liasse concerne l'Université de Caen ; j'y signale la pièce suivante : « Délibération capitulaire où se trouvent Baptiste de Villemor, aumônier ordinaire du Roi, abbé d'Ardennes, Jean du Moncel, docteur régent en la faculté des droits en l'Université de Caen, prieur d'Ardennes, et prieur de Coulombs et Lebizey, Toussaint de Vaux, sous-prieur d'Ardennes, prieur de St-Contest et du Breuil, Richard Martin, François Ausmont et Jean Durant, religieux, le 24 octobre 1583. Il a été remontré par l'abbé que l'intention du Roi était de faire réformer l'Université et la conserver en ses privilèges, facultés et professions, et pour la mieux entretenir et faire fleurir à l'avenir, le Roi lui avait donné 1,000 écus sol de revenu annuel pour gager et entretenir les professeurs des facultés de lad. Université ; pour cela, il avait délégué Pierre Le Jumel, s^r de Lisores, conseiller du Roi en son privé conseil et président en sa cour de Parlement de Rouen, et Jean Vauquelin, sieur de la Fresnaye-au-Sauvage, lieutenant général aux bailliage et siège présidial de Caen, commissaires pour faire ladite réformation et département de lad. somme aux professeurs des facultés ; au cas où lad. somme ne suffirait pour stipendier et contenter les professeurs, il leur donna la permission d'exhorter les prélats et gens aisés à donner de leurs biens à l'Université, pour être employés en augmentation aux professeurs : le chapitre, considérant que l'abbaye est enclavée et incorporée en l'Université et jouit de ses privilèges, accorde la rente de 15 écus d'or sol réduits à 45 l. t., qu'elle prend sur la recette du domaine du Roi à Bayeux, applicable à la faculté et professeurs de théologie et droit canon actuellement lisants et faisant profession de régence », etc.

Dans la correspondance, curieuse lettre de « f. Artus Du Monstier, prédicateur Récolect » (auteur du *Neustria Pia*) au P. Du Hamel, sous-prieur en l'abbaye d'Ardennes : « Le Gallia Christiana des sieurs de
« S¹ᵉ Marthe est un vray farrago et omnium novatorum
« ac criticorum peripsema : vous verrez en peu de temps
« combien il sera combattu et abbatu : il fault que je
« marche des premiers en l'attaque, estant des premiers
« enroolez contre telle *Gallia spuria et pseudochristiana*.
« Je l'ai leu entièrement ligne pour ligne : et quand
« à ce qui est de vostre abbaye, comme en tout plein
« d'autres de nostre province, je trouve que vous avez
« raison ; d'autant qu'en toute instance, le premier
« décerné est le possessoire. Je serai ravy de recevoir
« ce qu'il vous plaira m'envoyer, et tiendray à honneur
« de produire en public ce qui sortira de vos archives,
« que je n'aurois encores veu, ou obmis ; mais je vous
« suplie de me donner les propres motz copiéz de vos
« originaux, en leur langage, respectivement, comme
« ilz ont parlé, ainsy que tous les autres m'ont faict,
« comme peut le tesmoigner le syeur de la Rocque icy
« à Paris où j'ay affaire à des antagonistes et opiniastres
« critiques, lesquelz me reslancerez de terrible sorte, si
« je n'estoys bien muny de deffensives à l'espreuve. Je
« vous prye de me donner l'épitaphe de Robert Le Chartrier, abbé d'Ardenne, qui florissoit l'an 1420, 1430, et qui

« a composé le chartrier de vostre illustre abbaye »,
etc., etc., (1656).

Documents ecclésiastiques. Extrait du nécrologe ou mortuaire de l'abbaye, au 28 février : *commemoratio R. P. Domini Nicolai abbatis et viginti quinque canonicorum hujus monasterii qui simul cum dictis viginti quinque religiosis sibi subditis oppressus et occisus fuit ex ruina et collisione templi, anno 1230.* — Consécration par *Franciscus Foucquet, episcopus Baionensis,* de l'*altare majus ecclesiæ monasterii Ardenensis una cum eadem ecclesia ab ill. et rev. d. Roberto Berthelot... alias consecratum... hoc anno demolitum, tum vero magnificentius extruchum adhibitis videlicet columnis opere subtili elaboratis imaginibus hinc inde SS. Augustini et Norberti ad vivum expressis, cœterisque sculpturæ ornamentis nova consecratione indigebat* (1639). — Visites ; copie de la traduction de la fraternité des fèvres de Caen, établie au monastère d'Ardennes (1408) ; documents sur l'ordre de Prémontré et diverses abbayes en dépendant : Silly, Pont-à-Mousson, Justemont, la Luzerne, Blanchelande, St-Jean de Falaise, etc. — Procédures, comptabilité, rentes, revenu, biens et droits, cartulaire : « Grand chartrier de l'abbaye N.-D. d'Ardennes » (1189-1495). — « He sunt elemosine B. M. de Ardena, ne a
« memoria labantur in scriptum redacte », avec notes du XIVe siècle : « Anno Domini 1314 obiit papa Clemens
« in fine maii, apud Carpentas, et multum gravavit
« ecclesias tempore quo vivebat ; anno V° obiit Philip-
« pus rex Francie et fuerunt tempestates et nimia
« angustia inter Christianos tempore sui regiminis ;
« eodem anno ob. dominus Fulcaudus de Merula, tunc
« marescaullus Francie, et dominus Enguerranus de
« Marignie qui suis meritis exigentibus in patibulo Pari-
« siensi deviavit vigill. Ascensionis Domini. »—Pleds, etc.

Dossiers spéciaux concernant les biens et droits de l'abbaye dans les paroisses de :

Allemagne, Amayé-sur-Orne (1), Amblie, Anguerny, Anisy, Annebecq, Asnelles, Athis, Audrieu, Authie, Avenay, Baron, Basly, Bayeux, Beaucoudray, Bény, Berjou, Bernesq, Bernières-sur-Mer, Bernières-Bocage, Beuville, Biéville, Bitot, Blagny, Blay et Le Breuil, Boisdelle, Brécy, Bretteville-l'Orgueilleuse, Bretteville-sur-Bordel, Bretteville-sur-Odon, Brocottes, Brouay, Les Buissons, Bully, Buron, Caen (2), Cahagnolles, Cainet, Cairon-le-Vieux, Cairon-le-Jeune, Cambes, Canon, Carcagny, Cardonville, Carpiquet, Cléville, Colleville, Colombelles, Colomby, Cossesseville, Coulombs, Courseulles, Couvrechef, Crépon, Cresserons, Cully, Cussy, Cuye, Demouville, Douvres, Ducy, Epron, Esquay, Eterville, Evrecy, Falaise, La Ferrière-Hareng, Fontaine-Henry, Fontenay-le-Pesnel, Franqueville, Le Fresne-Camilly, Galmanche, Gavrus, Grainville-sur-Odon, Grengues, Gruchy, Le Ham, Hermanville, Hérouville, Hottot-en-Auge, Juaye, Jurques, Landelles, Langrune, Lantheuil, Lasson, Lebisey, Lion-sur-Mer, Les Loges-Saulces, Longraye, Loucelles, Louvigny, Magneville, Maisons, Maizières, Malon, Le Manoir, Marcelet, Martragny, Mathieu, Merville, Mesnil-Briouze, Mesnil-Patry, Mesnil-Villement, Le Molay, Mondrainville, Montchauvet, Mouen, Norrey, Orbois,

---

(1) C'est à tort que M. Hippeau, dans son *Dictionnaire topographique du Calvados*, p. 185, suivant l'opinion de Lechaudé d'Anisy (I. 15), attribue à May-sur-Orne une charte d'Amayé : *Mae super Ornam*.

(2) A Caen, mention de la *rua Escuière*, en 1228, du *vicus Gilberti de Foro*, en 1238, du *vicus qui vocatur Valguee*, en 1252, de la *Freide rue*, en 1257, du *Frigidus vicus*, en 1277, etc. Intéressants documents sur le moulin de Gémare, etc.

Ouffières, Ouistreham, Périers, Petiville, Planquéry, Plumetot, Poussy, Putot, Ranville, Rosel, Rots, Rucqueville, Ryes, St-André-du-Val-Jouas, St-Aubin-d'Arquenay, St-Contest, Ste-Croix-Grand'Tonne, St-Gabriel, St-Germain d'Ectot, St-Germain-de-Livet, St-Germain-la-Blanche-Herbe, Ste-Honorine-du-Fay, St-Louet, St-Manvieu, St-Martin-des-Besaces, St-Pierre-du-Mont, Sallen, Saon, Secqueville-en-Bessin, Soliers, Sourdeval, Subles, Sully, Tailleville, baronnie de Tesnières (Noyers, Livry, Missy, Monts, Tournay, landes de Montbroc), Tessy, Thaon, Tierceville, Tilly-sur-Seulles, Tocqueville, Tournebu, Tourville, Vaussieux, Vaux-sur-Seulles, Venoix, Ver, Vercreuil, Verson, Vienne, Villers-Bocage, Villiers-le-Sec, Villons et Villy.

Les chartes analysées par Lechaudé dans sa mauvaise compilation ont été jadis collées sur les feuillets d'un énorme registre. On comprend, dans ces conditions, ce que sont devenus les sceaux. Chaque document a été décollé et classé aux articles qu'il concernait. Quelques documents ont été distraits pour être reportés au fonds de l'abbaye de Troarn dont ils portent au dos la cote caractéristique ; notamment le n° 150 qui porte en toutes lettres « *Abbati et conventui Troarn.* »

Abbaye d'Aunay. H. 660-1261.

Les documents les plus anciens remontent au XIIe siècle. Titres généraux. Histoire de l'abbaye, écrite au XVIIIe siècle, H. 660 : « le monastère d'Aunay, situé à l'extrémité des paroisses de Saint-Samson et de Saint-Georges-d'Aunay, est sorti de l'abbaye de Savigny, chef d'une grande congrégation du même nom, unie à l'ordre de Citeaux, en 1148, pendant la tenue du chapitre général, où se trouvait le pape Eugène III, qui confirma cette union. Aunay, 9ᵉ église sortie de celle de Savigny, fut fondée après la mi-juillet 1131, à la descente du Mont-de-Lancre, par Jourdain de Say. Richard du Hommet, connétable de Normandie, fit dans la suite transférer le monastère à 200 pas de sa première assiette, où il le fit enfin bâtir sur le bord septentrional de la rivière d'Odon. » Agnès de Say, sœur de Gilbert et d'Enguerrand, épousa, vers 1150, Richard du Hommet, connétable de Normandie ; dons de Henri II, roi d'Angleterre, à ce dernier. Confirmation du pape Eugène III, en 1152. — Dédicace de l'église d'Aunay, le 9 avril 1190, etc.

« Extrait du chartrier et inventaire des pièces, char-
« tres, titres et papiers du chartrier des religieux, prieur
« et couvent de l'abbaie de Notre-Dame d'Aunay, étroite
« observance de l'ordre de Cisteaux, diocèse de Bayeux,
« élection de Vire, qui concernent les droits généraux
« de l'abbaie, la mense conventuelle, le propre ou
« acquêt et la portion du tiers lot dont jouissent les dits
« prieur et religieux en vertu de plusieurs arrêts, en
« 1737. » Extrait concernant Aunay du *Commentarius de rebus ad eum pertinentibus* du « célèbre Monsieur Huet » lequel « quittant la Cour où il avoit été nombre
« d'années sous-précepteur de Monseigneur le Dauphin,
« fils de Louis 14, fut épris des beautez de la situation
« de l'abbaye d'Aunay. »

« Extrait sommaire des remarques faittes dans les
« registres de l'abbaïe N.-D. d'Aunay, par Dom Albert
« Raucour, prieur de cette maison 1736. » « Extrait som-
« maire des 29 volumes recueillis au commencement
« de la réforme de l'abbaie d'Aunay, qui sont serrez au
« charetrier, comme aussi du nécrologe de la maison,

« des chartes de visite, du journal de l'abbé Dufour et
« de l'acte d'union d'Aunay aux autres monastères ré-
« formez de l'ordre de Citeaux, avec la liste des fonda-
« teurs, leurs successeurs ou descendans, celle des
« abbez réguliers, puis commendataires, des prieurs et
« religieux d'Aunay depuis plus de deux siècles et le
« catalogue des bénéfices du patronage d'Aunay. »
Parmi les documents, je transcris au hasard, au commencement du registre, des notes sur les seigneurs d'Aunay (1) : familles de Say, du Hommet, de Semilly, de St
Mards, des Essarts. — « L'abbaïe, qui avoit été sacca-
« gée pendant le gouvernement du dernier abbé régu-
« lier vers 1527 (*sic*), le fut une seconde fois vers l'an 1540
« (*sic*) d'une manière énorme ; on auroit brûlé l'église
« même si un sieur de Dampierre ne se fût intéressé à sa
« conservation en alléguant sa beauté et qu'elle pouroit
« leur servir de temple. » Madeleine des Essarts, épouse
de Jean Patry, seigneur d'Estry, hérita de la terre
d'Aunay ; led. Jean fut seigneur d'Aunay au nom de sa
femme ; on trouve mention de lui en 1572. « Jacques
« Patry, leur fils, hérétique fameux, fut ensuite seigneur
« d'Aunay. Il fut tué à la fleur de son âge, avant d'être
« marié, par un nommé Boessel, et enterré lez le bourg
« d'Aunay en la chapelle dite Ste Honorine qui depuis a
« servi de cemetière aux hérétiques et conséquemment
« été délaissée des catholiques, ce qui a occasionné sa
« ruine. » Marie Patry, sœur dudit Jacques, épousa
Georges Auber, gentilhomme venu du pays de Caux ;
elle hérita de lad. terre et rendit son mari seigneur
baron d'Aunay ; « il prétendit en l'abbaye plus de droits
que ses prédécesseurs, lui qui n'imita en rien leur bien-

(1) Voir le fonds de la baronnie d'Aunay, précédemment inventorié,
Rapport de 1889.

veillance et leur libéralité. » De leur mariage, naquirent Hervieu Auber et une fille mariée à M. de Landes ; lad. Marie Patry devenue veuve, épousa Charles Piedeleu, seigneur de Baron ; Hervieu Auber épousa Claude Lambert, dame de St Philbert; il est qualifié seigneur de St Sère. Antoine Auber succéda à son père en la baronnie et hérita de son indisposition contre l'abbaye, qu'il voulut asservir à de nouveaux droits, comme de deux ceintures funèbres, d'une porte particulière, de chasser, etc. « Marie-Françoise Auber, épouse de Messi^{re} de
« Tessé, maréchal de France, fille unique dud. Antoine
« Auber, hérita de la terre d'Aunay et marqua de la bonté
« aux abbé, prieurs et religieux d'Aunay; elle étoit
« pleine de mérite et n'avoit rien de la passion que le hu-
« guenotisme avoit inspiré à plusieurs de ses devanciers,
« ni de la rudesse de leur siècle trop grossier. Elle mou-
« rut le 31 mars 1709, dans son château d'Aunay, pendant
« que Monsr le Maréchal de Tessé, son mary, étoit am-
« bassadeur extraordinaire à Rome. Monsieur le mar-
« quis de Tessé, second fils provenu de ce mariage, a
« acheté depuis la mort du maréchal son père, arrivée
« subitement en 1724, la terre et baronnie d'Aunay,
« dont il jouit encore en cette année 1735. Sa famille la
« lui a vendue par raison de famille, etc. »

Dans les papiers des du Hommet figure la curieuse charte dite des « Lacs d'Amour », qui a été reproduite en photogravure à propos de l'exposition universelle de 1878. Droits et privilèges ; ordre de Citeaux ; documents ecclésiastiques, procédures, correspondance, rentes, comptabilité, bâtiments, etc.

Biens et droits dans les localités suivantes :

Aunay, Aignerville, Amayé-sur-Orne, Amayé-sur-Seulles, Arlaye (forêt d'), Asnelles, Balleroy, Banville, Bauquay, Bayeux, La Bigne, Bonfossé (St-Sauveur de),

Bougy, La Boulaye, Brémoy, Bretteville, Le Breuil, Caen, Cahagnes, La Caine, La Cambe, Cambes, Carcagny, Cenilly (N.-D. de), Colleville-sur-Mer, Colombelles, Condé-sur-Noireau, Cottun, Coulonces, Courcelles, Courseulles, Courtisigny, Creully, Cully, Dampierre, Deux-Jumeaux, Ecrammeville, Engranville, Epinay-sur-Odon, Estrées, Evrecy, La Ferrière-du-Val, Fierville, Fontenay-l'Abbaye, Fontenay-le-Pesnel, Fontenelles, Formigny, Le Fresne, Gavrus, Grainville, Guéron, Hottot, Jurques, Juvigny, La Lande, Langrune, Lantheuil, Lion, Longraye, Longvillers, Maisoncelles-Pelvey, Maisoncelles-sur-Ajon, Maisons, Maizet, Le Manoir, Marigny, Martragny, Mathieu, Mesnil-au-Grain, Mondrainville, Monts, Mouen, Neuville, Noyers, Ondefontaine, Parfouru, Petiville, Ranville et Hérouvillette, Rosel, Rots, Roucamp, Rubercy, Rucqueville, St-Fromont, St-Georges-d'Aunay, St-Louet, St-Martin-de-la-Besace, Ste-Croix, Ste-Honorine-des-Pertes, Ste-Honorine-du-Fay, Saonnet, Tessel, Torigny, Touffréville, Trévières, Trun, La Vacquerie, Vassy, Vaussieu, Vendes, Vienne, Vieux, Villers, Vire. Biens et droits en Angleterre. Bois.

Les liasses correspondant aux inventaires du XVIII° siècle et de la Révolution, ont été respectées. Il n'en pouvait être de même du classement chronologique d'une partie des plus anciens documents, effectué jadis par Lechaudé. C'est ainsi qu'un certain nombre de documents ont été réintégrés aux fonds auxquels ils appappartenaient : baronnie d'Aunay et chapitre de Bayeux.

Séries E supplément et H supplément. Titres communaux et hospitaliers, 334 articles. Voir chapitre XII. Archives communales et hospitalières.

En résumé, l'inventaire sommaire s'est accru, pendant le dernier exercice, de plus de 1900 articles.

Impression de l'inventaire. — 28 feuilles ont été imprimées depuis mon dernier rapport : F. 19-23 et H supplément, tome I, 19-41.

VII. — COMMUNICATIONS ET EXPÉDITIONS.

Le chiffre des communications s'est élevé à 1735. En outre, 610 délivrances de cartes du département, de recueils d'actes administratifs et d'imprimés divers.

Il a été délivré 26 expéditions dont 1 soumise au tarif spécial de la loi du 29 décembre 1888, et 15 délivrées sur papier libre et sans frais, sur ordonnance du président du tribunal civil (assistance judiciaire).

Le produit a été de 20 fr. 75 pour 26 rôles.

VIII. — PERSONNEL

Un rapport spécial est soumis sur la question du personnel.

Mes auxiliaires, et principalement le premier employé des archives, ont continué à me seconder activement pendant le dernier exercice. Je suis heureux de le signaler dans ce rapport à la bienveillante sollicitude de 'administration.

IX — CRÉDITS A INSCRIRE AU BUDGET

Les crédits inscrits au budget de l'année courante sont nécessaires pour le fonctionnement régulier du service. Je propose leur maintien au sous-chapitre IX pour l'année 1891.

X. — SOUS-PRÉFECTURES

Aucune observation nouvelle à présenter.

XI. — BIBLIOTHÈQUE DES ARCHIVES

En dehors des envois d'inventaires sommaires, je

signale le don par M Danjon d'un volume complétant les plans ci-dessus mentionnés d'Harou-Romain : *Chemins de fer de Paris à Cherbourg. Lettre à M. Bertrand, maire de Caen, sur le tracé des voies de fer à leur arrivée dans la ville et à leur départ et sur l'emplacement de l'embarcadère, par Harou-Romain.* Caen 1854 in-4°, et l'envoi par M. Duval, archiviste de l'Orne, de plusieurs de ses publications :

Notes sur la paroisse et sur les seigneurs de Sai, antérieurement à la fin du XIII° siècle. Argentan, 1889, in-4°.

La rencontre de Richard-Cœur-de-Lion avec Roger d'Argentan. Les Sarrazins de Domfront. Argentan, 1890, in-8°.

L'enquête philologique de 1812 dans les arrondissements d'Alençon et de Mortagne. Vocabulaire, grammaire et phonétique. Alençon, 1890, in-8°.

Ephémérides de la moyenne Normandie et du Perche en 1789. Alençon, 1890, in-16.

XII. — ARCHIVES COMMUNALES ET HOSPITALIÈRES

I. *Archives communales.* — J'ai profité de mes tournées pour la continuation de la rédaction de l'inventaire. Quinze dépôts communaux ont été analysés depuis le dernier rapport.

ASNELLES. DD. I. Liasse de 42 pièces sur les biens communaux, marais, de 1575 à 1785.— GG. Etat civil et délibérations, de 1633 à 1792, 7 articles, y compris des documents d'état civil de Meuvaines au XVII° siècle. — Décès de peste en 1635 et 1636. — Familles Le Sens, seigneur d'Asnelles, de Royville, du Bousquet, Baudouin, Laloe du Clos, de La Rivière, de La Nièce, de Crennes, de Bauches, de Baudre, de Blais, Costard de

St-Léger, Toustain du Manoir, etc. — Inhumations: du capitaine du vaisseau le *St-François* « noyé en se vou-
« laut sauver au débris et rupture » dudit vaisseau ;
du capitaine du vaisseau le *St Pierre*, du Hâvre, échoué sur la grève d'Asnelles. — Le 14 septembre 1679,
« moy sou-signé Philippes Pélerin, presbtre, curé
« d'Anelles, ayant eu advis de plusieurs personnes et
« dans le bruit commun qu'une certaine fille nommée
« Charlotte Marie, fille de Pierre Marie, de la paroisse
« du Teil, diocèse de Bayeux, demeurante chés François
« La Tresse, en qualité de servante, depuis six semai-
« nes en lad. paroisse, estoit grosse, je me suis trans-
« porté dans la maison dud. La Tresse, accompagné
« de maître Jean Férey, presbtre, et d'honneste homme
« Jacques Julien, sieur de La Croix, bourgeois de
« Caen, là où j'ay interpellé lad. Marie de me dire
« et déclarer sa grossesse, la quelle en a fait refus,
« et ay enjoint aud. La Tresse, son maître, de veiller
« sus ses déportements......... Et m'a chanté de pri-
« m'abord led. La Tresse, comme je le saluois, une
« chanson sale et fort offensante dont tout le monde
« présent a esté fort mal édifié ». — Le 18 avril 1778, baptême de Marie, fille de Françoise Yvonnet, épouse de François Le Boucher, « lequel nous signifié ce dit
« jour, par ministaire de Tostain, huissier, ... qu'ayant
« été absent du pays, par ordre du Roy, depuis le 21
« octobre 1776 jusqu'à la fin d'octobre 1777, il ne peut
« reconoître comme sa fille, celle qui vient de naître
« de sa femme. »

BOURGUÉBUS. — 8 articles. Etat civil remontant à 1631.
— Familles Anzerey de La Hogue, Eudine, de Couli-
bœuf, de Saffray, Le Normand, Bacon de Précourt, Julien, de Fierville, Asselin, Gautier, Louvet, de Cairon, Angot de Bouttemont, etc. — Baptêmes de cloches.

Protestants. Élections de collecteurs, audiences de contrats, etc.

CARPIQUET. — L'inventaire n'est pas terminé.

DEUX-JUMEAUX. — 4 articles. Etat civil de 1602 à 1793. Une note indique bien comment le prieuré de Deux-Jumeaux ne laissait au vicaire perpétuel (c'est-à-dire au curé de la paroisse) que d'insuffisants revenus. En 1619, Denis Eurry, prêtre, a pris possession du bénéfice de lad. cure en vertu de la résignation de Clément Le Petit « lequel s'en est allé demeurer à Caen, ne sachant « s'aider ny vivre dud. bénéfice ». Addition ultérieure : « Et est mort aud. Caen en l'an 1642, le 16 d'apvril ; et « le 23ᵉ jour d'aoust 1649, Mᵉ Thomas Mayne, prestre, a « prins pocession dud bénéfice de lad. cure de Deux-« Jumeaux en vertu de la résignation que luy a faicte « led. Mᵉ Denis Eurry, lequel n'en sachant vivre, a « mieux aimé estre sans charge, et à présent led. Mayne « n'en peut jouir ny vivre, ce qui est attesté pour véri-« table, 1655. » — Très nombreux documents sur les d'Agneaux, sieurs de La Saussaye, de La Fresnée, de La Chesnée, de Lisle, de Dauval, de Douville, du Châteaurouge, de La Grand'mare, du Bouillon, de La Perrelle, de La Picanière, de Verson, de Ranville, de Chanterel, du Val, de La Couture, et la nombreuse postérité légitime et naturelle que leur donnent simultanément ou tour à tour leurs épouses et leurs *chambérières*. Familles de Saint-Quentin, de Godefroy, de Montfiquet, de Tallevast, de Méhérenc, de Villiers, Suhard de La Rivière, de Louvières, Senot de La Couture, Le Moine de La Cavée, de Percaval, de Montagnier, de Béatrix de Morainville, de Cormolain, Morel de La Couture et de Maltot, Bourdon de Verson, Douglas,

Massieu. En 1685, abjurations de Guillaume d'Agneaux, écuyer, sieur d'Agneaux, de sa femme Françoise Vautier, de leurs filles Madeleine et Jacqueline. En 1686, abjuration de Jacques Hue, écuyer, sieur de Longueville. — En 1626 et en 1634, décès de « maladie contagieuse » ; inhumations dans les jardins par les familles. — En 1663, baptême de la fille de Michel Rabot « M° escrivain ». En 1672, mariage de Jacques Berthelot, sieur de la Hecquerie, faisant profession d'instruire la jeunesse. Le 6 février 1743, Thomas Le Rebours, maître d'école, figure comme témoin d'une inhumation.

HERMANVILLE.—11 articles. BB. 1. Délibérations, 1788. — Etat civil. GG. 1-10, 1587-1792.— Familles de Sillans de Bouville, de Mouy, de Saffray, de Fierville, Vauquelin de La Fresnaye et des Yveteaux, Hue de Luc, Le Vicomte, de Saint Ouen, de Croixmare, Hue de Prébois, Doynel de La Sausserie, Housset de Catteville. Notes concernant les affaires personnelles du curé, les intempéries, les orages, les ravages de la mer, naufrages. Délibérations communales jointes à l'état civil, remontant à 1590. Lectures de contrats ; « ordonnance des armes » de la paroisse d'Hermanville en 1596, « harquebusiers » et « picquiers. » Curieuses signatures : les *mercs* affectent la forme de bateaux, de roues, d'ancres, de *bouraques* (filets à crevettes). Au nombre des documents conservés dans ces registres, je citerai particulièrement: « Ensuit les noms de ceulx qui furent « submergés et péris en la mer l'onzeiesme de febvrier « dernyer, imposés aud. rôle (8 noms) de toulx lesq. « n'est demeuré aulcuns hoirs ny hérityers qui puissent « paier à l'advenir aulcuns denyers, n'ayantz laissé que « des pauvres pupilles qui à present sont contrainctz de « mendier leur vie » (1597). — Le 10 octobre 1599, lecture de lettres royaux de la Cour des Aides de Rouen accordées à Jean Le Marchant, bourgeois de Caen, sur requête narrative qu'il possède des maisons et héritages à Luc et à Lion, qui « luy demeureroyent en frische et « inutilles sy par la court il ne luy estoyt permis icelles « labourer et ensemencer, à raison que les fermyers ou « la pluspart qui tenoyent lesd. héritages sont décédés « de la malladye de contagion » ; suppliant led. Le Marchant à lad. Cour lui permettre cultiver, ensemencer et *aprofiter* lesd. héritages pour le temps de 6 ans, sans que pour cela il puisse être imputé avoir dérogé à sa qualité de bourgeois de Caen ; ordre de faire publier aux prônes des grands'messes paroissiales de Luc, Lion et paroisses voisines, s'il y a aucunes personnes qui voudraient prendre à ferme et louage lesd. terres ; Le Marchant devra faire représenter et apparoir de sa qualité de *bourgoisye* dans le délai de 6 semaines, et la Cour lui permet de faire labourer et ensemencer les héritages par provision. (Donné à Rouen, 14 septembre 1599). — Le 12 mars 1600, lecture de semblable arrêt donné en faveur de Jacques Poupinel, bourgeois de St Sauveur de Caen, possesseur de maisons et héritages à Plumetot, Lion, Hermanville, Cresserons et Mathieu, « lesquelz « il avoit offert bailler à fermer, mais à raison de la « malladie et contagion estant ès parroisses, ausquelles « est décédé grand nombre de parroissiens, il ne s'est « présenté aulcunes personnes qui les vueille prendre « à moityé ou aultrement » (20 février 1600). — *Vigilia divi Laurentii anno predicto* (1602), *grando cecidit circa horam quintam pomeridianam super terram hujus parrochie et Colleville, Periers et Mathieu, fecit que ingentes ruinas*. — En 1608, arrêt de la Cour des Aides de Normandie autorisant Jean et Jacques Lieust, frères, à cultiver, sans déroger à leurs privilèges de bourgeois

de Caen, leurs héritages sis à Hermanville, pour lesquels ils n'ont pu trouver fermier ; ils ne pourront être assujettis à la contribution des deniers des tailles et autres subsides populaires. — « Le samedy douze jour dud.
« mois de janvier (1613) s'esleva ung vent fort et véhé-
« ment Sud Ouest qui a fait infinies ruynes en plusieurs
« lieux et endroictz, il avoyt commencé presque dès la
« Toussainctz auparavant, mais non de telle violence
« que led. jour de samedy, auquel jour il abbatit pres-
« que trente fermes de maisons en ceste parroisse au
« grand presbytaire deulx fermes de la grange et de
« dommage au grand logis et murailles de cent livres,
« oultre sept chevrons au petit presbytaire et à l'église
« de six vingtz livres de ruyne, ce qu'il a fait presque
« toulx les villages de ses envyrons. » — Le 19 novembre 1673, à l'issue de la grand'messe, assemblée des « possédantz héritages, habitans et paroissiens » d'Hermanville pour répondre à l'arrêt du Conseil d'Etat du 16 août 1672 ordonnant que tous ceux qui prétendent juridiction, droit d'amirauté, bris, naufrages, varech, épaves, poissons royaux, parcs, pêcheries, vicomté, sol pour livre, travers, péages, prévôté, siége de nef, paturage, garenne, etc., sur les côtes, dunes et grèves du bord de la mer, seront tenus d'en bailler déclaration et représenter leurs titres devant M. d'Herbigny, marquis de Thibouville, intendant général de la marine, commissaire departi par le Roi pour la visite des ports et havres du royaume : il n'y a aucune personne dans l'étendue de la paroisse qui lève sur eux aucuns deniers ou aucuns droits pécifiés aud. arrêt, si ce n'est le juge e .es officiers de l'amirauté du siège d'Ouistreham « qui en
« lève par cxedz sur les pauvres pescheurs sans qu'ils
« scachent à quel droit. » Les bris, naufrages, épaves et varech, appartiennent, selon la coutume de la Pro-

vince, au marquis d'Hermanville comme aussi les dunes, marais, garennes, etc. Démande de conserver aux pauvres pêcheurs leur droit de pêche et de régler les prétendus droits des officiers de l'amirauté d'Ouistreham. Il n'y a aucune place de nef certaine et assurée dans l'étendue de la paroisse, mais selon les rencontres des vents, les pêcheurs font échouer leurs bateaux à la plus grande commodité qui se trouve sur la grève, puis les tirent sur lad. grève à distance du flot, lorsque la mer est pleine ; les pêcheurs, qui avaient autrefois 10 ou 12 bateaux en lad. paroisse sont si misérables qu'ils ne vont plus à la mer que sur un bateau pêcheur dont la propriété est en partie aux bourgeois de Caen ; ils n'ont en outre que deux petites plates, qui entrent à peine une 1/2 lieue dans la mer, etc.

LAIZE-LA-VILLE. — 8 articles, remontant à 1675. — Familles d'Anisy, de Ste-Marie, Baratte des Vallottes et de Canteloup, de Perreau, de Baillehache, de Marguerie, d'Anfernet, de Piédoue, de Rocquancourt, du Castel, de Fréval de Beaumanoir, de Thoury, Mallet de Mailly. Procès-verbaux d'élections de collecteurs des tailles et du sel.—Les registres d'état civil, de 1760 à 1792, portés à l'inventaire de 1858, n'existent plus à la mairie. Les recherches demandées au maire, en suite de l'inspection de 1889, n'ont amené aucun résultat.

MAGNY-LA-CAMPAGNE. — 10 articles. — I. Etat civil de Magny-la-Campagne, de 1653 à 1785. — Familles de Marguerit, de Piquot ou de Picot, seigneur et patron de Magny, de Courcy, du Bourget de Chaulieu, d'Aché, d'Osseville, de Parisot, de Vauborel, de Cheux, de Cussy de Courcelles, de Caradeuc, de Lampérière, de Piperey. — Le 4 février 1691, mariage de Pierre

Godillon, fils Jacques, et de Catherine Lescouflet, et Marie des Carreaux, *fille naturelle de Guillaume de Courcy*, écuyer, de la paroisse de Magny, et de Marie Regnault, *en présence de mademoiselle de Courcy, femme dudit sieur de Courcy*. — Délibérations; audiences de contrats : Jean de Bernières, sieur de Vaux, Guillaume de Courcy, etc.

II. Etat civil de Vaux-la-Campagne, de 1693 à 1793 : Familles de Courcy, de Beaurepaire, Courcoul des Acres, Le Foulon de Cauvigny, Beaunier de la Maillardière, de Cairon, Patry, de Marguerie de Neuville, d'Ouézy d'Ollendon, de St-Sauveur. — « Le 21 août
« 1693, j'ay soubsigné Pierre de Lempérière, presbtre,
« curé de Vaux-la-Champaigne, je me suis transporté
« à la maison d'Anne Bourdon, sur le bruit commun que
« Janne Favril, sa fille, seroit revenue depuis un mois ou
« six semaines de service de chés maistre Guillaume
« de Courcy, escuyer, en sa maison scise sur ma par-
« roisse, grosse, pour luy faire passer sa déclaration,
« en présence de tesmoins, et attester la personne des
« œvres duquel elle seroit demeurée grosse, laquelle a
« dit et déclaré que s'estoit des œvres dudit Guillau-
« me de Courcy, escuier, et qu'elle povroit estre grosse
« de viron six ou sep mois. Ce que concidéré, après luy
« avoir faict la correction, comme en tel cas il appar-
« tient, je lé laissée à la garde de sa mère, pour en
« respondre à son prieur, en cas en usast mal ou fist
« quelque chose contre la sancté du fruict qu'elle porte
« si luy arrivet mal par sa faute. Faict ce dit jour et an
« que dessus, en présence de maistre Nicolas Boisard
« et François Boisard, tesmoints, et plusieurs autres ».
— « En 1739, au mois de juillet, Sa Majesté ayant
« égard à la misère des peuples, sa grande et longue
« charté de blé, a fait distribuer aux pauvres de la gé-

« néralité d'Alençon une quantité de ris. Les pau-
« vres de Vaux-la-Champaigne en ont reçu pour
« leur part celle de cinquante livres qui ont été distri-
« buées ». — « Le premier jour de feuvrier 1741, il a
« été donné un arès du parlement de Rouen en faveur
« des pauvres de la paroisses, qui obligoit les parois-
« siens à se cotiser pour fournir les vivres nécessaires
« aux dits pauvres, soit en argen, soit en pain, et pour
« cet effet on députa quatre des principaux de la
« paroisse pour en faire l'exécution, et on noma un re-
« ceveur pour prendre soin de donner à un chacun ce
« qui lui avoit été donné et adjugé par lesdits quatre
« principaux, et syndic et trésorier. Aupoix, prêtre ».

MAISY. — GG. 14 articles. Etat civil de 1646 à 1792. Familles de Méhérenc, d'Hérouville, Suhard de La Conseillère, de La Couture, de La Fosse, de Guillebert, Le Roux de Grandcamp, Auber, baron de Géfosse, d'Amours, de Marie, de Gourney, de Melun, de la Ménardière, Simon de Clairval, de Verthamon, Lefèvre de Caumartin, de Choisy, de Cornabel, Gosselin de La Falaise et de La Bigne, Gosselin de la Tonnellerie, Basnage, de La Folie, de Bruny, de Hennot de Théville, de La Cour de Betteville, de Saint-Simon, de Bailleul, de Bricqueville, Filleul de Maisy. — En 1646, parrain, « Paul Le Joyeulx, more de nation ». — Nombreuses abjurations : Marguerite de Guillebert, veuve de Thomas d'Amours, écuyer, sieur de La Maresquerie, Marie d'Amours, veuve de Nicolas d'Amours, écuyer, sieur de Villiers, Marguerite et Gabrielle d'Amours, ses filles, Gabrielle Morel, veuve de Daniel d'Allain, Judic d'Allain, veuve de François Basnage, Marguerite Morel, fille de Jean Morel, sieur de la Champagne (1685), Samuel Banage, sieur de La Perruque (1701), etc. Délibérations, audiences de contrats. Aux notes transcrites dans mon dernier rapport, je joins la suivante, relevée sur un feuillet de garde : « En l'année 1761 j'ai vendu « l'ancienne contretable de ce lieu au sieur curé de « Ste-Croix proche la paroisse de Montaigu 300 livres, « et qui ont été employez à aider à payer celle qui y est « aujourd'huy faite par Pitard dit Dupart, menuisier à « Bayeux ; elle a été commencée à placer le 16 décembre « 1761, elle a coûté 2,200 livres dont 1,100 livres donnée « par une personne inconue, le surplus de l'ancienne « contretable, et la noblesse de ce lieu, apporté par « Lambert Lepetit d'Englesqueville, et un harnois de « Tour. — 1765, j'ai fait ouvrir les quatre croiséz du « cœur, il en a coûté 131 livres. — 1766, le Befroy, 25 « pistolle, fait par Rochais de Létanville. — En 1764, « veille Saint François, la couverture du cœur de l'église « fut entièrement renversée par une tempête furieuse. « En 1765 il en a couté 333 l. 2 s., couverte par Jean Jac- « quelin d'Argouge sous Mole, il y a 24 toises de chaque « côté, la toise à 9 l. 5 sols. — En 1769, le lambri du nef « a été fait, il en a coûté 226 l. Les trois croissez du midy « ont été ouverte la même année J'ai fait faire les deux « appuis du grand autel en l'année 1770, il m'en a couté « 54 l. Le tableau du grand autel a couté 220 l. en 1765. « La croit argentez et que j'ai donnez 1777, 42 l. Les « ornements achetez et réparez 1778, 423 l. M Filleul de « Maisy a donné la croix argentez du maitre autel, 42 l. « J'ai donné et fait placer les stalles et l'armoire de la « sacristie, payé 17 pistoles, le chapitre en a payé 50 et « ce l'année 1779 170 livres. En l'année 1780, le seigneur « de ce lieu a fait dorer la contre able, il luy en coute « 1,150 livres. J'ai fait peindre à mes frais la première « pagée du lambri et le lambri des deux cotés de l'autel « à mes frais, ce que remets à dix louis cy 24 pistolles, « fait ouvrir la croisez du Nord sur le m^{tre} autelle et « vitrer à mes frais, 33 livres. »

Manvieux. BB. 1. Délibérations, de 1785 à 1790. — GG. 1-14. État civil de 1639 à 1792. — Familles de Manvieux de Plumetot, de Manvieux du Breuil, Regnault de Ste-Honorine, de Brunville, de Lescalley de Montebourg, Philippe de Hautvigné, Adam du Breuil, Adam de La Rivière, Pluquet, d'Anisy, du Bousquet, d'Argouges, du Châtel, Le Barbé de Fontenailles, du Buat, Le Doré des Acres, Vérel de Montlaville, Le Chevalier des Coutures, du Rosel, de Guerros de Fontenailles, Godefroy de Goubardière, Héroult de La Croix, Guérin de La Couture, de Grimouville des Mesnils, de Marigny, etc. — Audiences de contrats, délibérations, etc. Parmi les actes, je cite le suivant, écho tragique d'un drame banal : Le 29 septembre 1782, inhumation, après autorisation de Philippe Delleville, juge de l'amirauté, de Jeanne Vintras, âgée de 18 ans, « envoiez sur nos
« côtes par les flost de la mer, suivant que sa famille
« l'a reconnue sur nos côtes pour être la fille de Ber-
« nardin Vintras de la paroisse de Ports-en-Bessin,
« noyez dans la mer avec plussieur autre dans une
« barque où elle étoients par curiosité, dont une partie
« ont périt avec elle, suivant que la famille nous l'a
« déclaré. »

Meuvaines. 14 articles. BB. 1. Délibérations de 1755 à 1781, avec notes se rapportant à une période antérieure, par exemple, le testament de Clément-Nicolas, de La Rivière, seigneur de Meuvaines, déposé en 1741, portant legs pour la paroisse ; à citer également le devis de l'horlorge de Langrune, pour être exécuté à Meuvaines (1762). — CC. 1. Impositions, 1634. — DD. 1. Marais, de 1575 à 1790. — État civil 1624-1790. 11 articles. Familles de La Tresse de La Rivière, de Morel, de La Nièce, du Bousquet de Vauloger, Patry, de Magneville, de Baudre, Le Pelletier de Molandé, de

Bauche de Colombelles, de Grimouville, du Moûtier de Canchy, de Gautier de Savignac. — Inhumations de victimes de naufrages, notamment un passager du vaisseau *Auguste-Suzanne*, du Hâvre, naufragé sur la côte de Ver. Curieux actes concernant des enfants naturels. Abjurations. Le premier registre d'état civil contient des copies de documents remontant à 1572 ; délibérations, enrôlements et dérôlements, audiences de contrats. Le registre GG. 1. avait auparavant servi au curé Gilles Denis alors qu'il était curé de Culey-le-Patry et doyen de Vire. — Nombreuses notes : sur le service de Louis de Catinat, abbé de St-Julien de Tours, seigneur de Meuvaines (1714) ; sur la mort de François de Nesmond, évêque de Bayeux (1715) ; sur la mort de François-Armand de Lorraine, évêque de Bayeux, abbé de Notre-Dame-des-Chateliers, de St-Faron de Meaux et de Royaumont (1728) ; sur la nomination aud. évêché de Paul d'Albert de Luynes (1729) ; sur un tremblement de terre (1734) ; sur la nomination et le décès des évêques, curés des environs, personnages importants, de la connaissance de Thomas Le Tellier, curé de Meuvaines ; sur l'assassinat commis le 10 février 1751 à Ecos (Eure), sur Philippe-Marie-Victor de La Rivière seigneur de Meuvaines et de St-Germain-du-Crioult, etc.

PERCY. — 1 seul article, contenant l'état civil de 1736 à 1792. Familles de Picquot, de Beaurepaire de Louvagny, de Bernières de Launey, Dunot du Quesney, de Grieu, de Marescot, d'Ouézy, de Bonchamp, etc — Mariage de François-Timothée de Philippe, écuyer, sieur de Beaumont, avec Marguerite-Louise de Piquot, en 1745 ; de cette date à 1762, figurent à l'état civil 14 actes de naissances de leurs enfants ; leur fils Ambroise-Jean-François-Auguste-Denis de Philippe, écuyer, sieur de Beaumont, suit l'exemple de son père : de 1784 à 1792, date à laquelle s'arrête l'inventaire, les registres signalent 5 enfants. — Baptêmes d'enfants de religionnaires, etc.

Saint Côme de Fresné. — GG. 5 articles, état civil, de 1681 à 1791, de la paroisse de St-Côme et St-Damien de Fresné-sur-Mer; familles de St-Ouen, seigneurs de Fresné, d'Anisy, Hue de Luc et de Caligny, Vauquelin d'Hermanville, d'Ecajeul, de la Bigne, de Grimouville, de Sarcilly. Marins noyés à la mer, tués dans les combats contre l'Angleterre ou sur les prisons de *Partimouth* (sic) etc. Délibérations. St-Côme de Fresné possédait au XVIII° siècle un maître d'école qui figure dans plusieurs actes d'état civil.

Sainte Croix sur Mer. — 8 articles, état civil, 1604-1791. — Familles du Chastel, de Beuzeville, de Percaval, Regnier de la Londe, de Saon, de Siresmes, de la Champagne, de la Vallette, de St Martin, Maheust de Delleville, Gratien Menardeau, conseiller au Parlement de Paris, sr de Ste Croix en 1627. Délibérations charité du pain de Pâques, audiences de contrâts, etc. Très nombreux décès « de mal contagieux » ou « de peste » en 1632 et 1633 ; inhumations « par les évascueurs et repurgeurs » ou par la famille elle-même ; autres décès de peste en 1636. — En 1633, audience de contrat d'émancipation et mise « hors du pouvoir paternel » de 2 enfants ; excommunications.

Thiéville. — 3 articles, GG. — Les audiences de contrats remontent à 1599, l'état civil à 1606. — Familles de Courcy, de la Flèche, de Grisy, de Corday, Dunot du

Désert, de Montéclair, de Rucqueville, de Glatigny, d'Algot de la Rivière, de Boislévêque, de St-Léger, de Viette des Parquets, de Rupierre, Le Boucher, du Touchet, de Noirville, etc. — Intéressants documents sur les enfants naturels. — En 1786, le 17 mars, inhumation de Jean Lequier, maître d'école. Les registres furent, au commencement du siècle, mis en ordre et brochés par le maire Cuirot, dont les récolements, annexés par lui au registre GG. 3, peuvent être présentés comme exemple aux municipalités actuelles.

Ver.— 3 articles. Etat civil de 1602 à 1792.— Familles de Blois, d'Anisy, Le Coustellier du Buisson, Pommier d'Angerville, Ménard de la Bracherie, Suhard de Saint Germain, de Grimouville Larchant, Gouet du Val-David, Loir du Quesney et de Morfontaine, Dubois de Litteau, de Vendes, de Siresme, de Bauche, de Baudre, de Couvert, Le Pelletier de Molandé, Bonnet de la Morlière, Gohier d'Aingleville, etc. — Le 30 avril 1631, baptême de la grosse cloche; parrain, François Hotman, seigneur de Montmélian, Pralli, Mortefontaine et de la seigneurie de Ver, abbé de Cherbourg, chanoine en l'église Notre-Dame et Conseiller au Parlement de Paris. — En 1671, Mathieu de Hotman, chevalier, seigneur de Ver, capitaine de chevau-légers. — En 1721, Mathieu Hotman, seigneur de Ver, chevalier de St-Jean de Jérusalem.—Inhumations de matelots du navire *La Marie-Gabrielle* perdu en 1749, du capitaine et de l'équipage de l'*Auguste Suzanne*, autrement dit le *Loup Volant* (1753), etc. — A citer une lettre de dispense de Paul d'Albert de Luynes, évêque de Bayeux : « Vu l'humble requête
« à nous présentée par Jean Loyseleur et Jeanne Yon,
« de la paroisse de Ver, expositive que faisants profes-
« sion de gagner leur vie à la pesche de la mer, leurs

« pères voisins l'un de l'autre se sont associés dans un
« même bateau, ce qui a donné occasion aux suppliants
« de se fréquenter depuis environ trois ans, obligés de
« travailler ensemble à raccommoder leurs filets et à
« les apprester pour la pesche, et quoyque dans leur
« fréquentation et leur recherche il ne se soit rien passé
« contre l'honneur et la bienséance, cependant le sieur
« curé de leur parroisse a exigé d'eux qu'ils passent outre
« à la perfection de leur mariage ou qu'ils cessent de se
« voir, et pour cette seule raison leur a voulu refuser
« cette année la paques » ; dispense du 3ᵉ au 4ᵉ degré
de consanguinité (1733).

Vieuxfumé.— GG. Etat civil. 20 articles.

I. Eglise paroissiale de Vieuxfumé. Intéressant registre de comptes et de visites de 1624 à 1696. Etat civil remontant à 1674. Familles de Camproger, Le Foulon de Cauvigny, Le Foulon du Bois, de Courcy, sieur de Vieuxfumé, Morin du Mesnil, Beauguillot de La Fontaine, Lesueur de Colleville, etc — Abjurations de protestants. — Délibérations, audiences de contrats.

II. Etat civil de la paroisse de Quatre-Puits, remontant à 1668. Familles de Quatrepuis, de Farcy, de Camproger du Parc, Froger d'Agneaucourt, de Bonnet d'Airan, de Vigneral, de Bonchamps, des Rotours, de Thoury, etc.

M. Haudard, instituteur de Prêtreville, auteur d'une monographie très complète sur cette commune, à laquelle a été attribué le 1ᵉʳ prix dans le concours ouvert par M. l'Inspecteur d'Académie entre les instituteurs du département, a rédigé une analyse des 6 registres d'Etat civil de la mairie qui sera utilisée avec fruit pour la rédaction de l'inventaire sommaire.

La date la plus ancienne est 1601. Familles de Lyée, de Querville, de Frenoy, de Montaigu, de Franqueville, de Livet, de Bonnechose, de Tournebu, de Bernières, de Fribois, de Prie, de Mauduit, du Houlley, de Semilly, de Boisyvon, de Puttecotte de Renneville, de Fréville, de Matharel, etc. Délibérations, nominations de collecteurs, répartition de la taille, comptes des trésoriers de fabrique. Notes : sur la fonte des cloches (1616) ; sur les affaires personnelles et financières du vicaire Quesnée (1629) ; sur le tableau de la contretable, fait en 1703.

Les anciens registres d'Etat civil, qui n'existaient pas à la mairie de Port-en-Bessin lors de ma visite dans cette commune, y ont été réintégrés.

II. *Archives hospitalières.* — BAYEUX. — L'inventaire des archives hospitalières de Bayeux vient de s'accroitre de 5 articles, contenant l'analyse de documents récemment réintégrés au dépôt.

VILLERS-BOCAGE. — Le triage, le classement et l'inventaire des archives anciennes de l'hôpital de Villers-Bocage, ont été entrepris et terminés durant le dernier exercice, grâce aux facilités qu'a bien voulu m'accorder gracieusement M. Lhomme, maire de Villers. En voici le cadre sommaire :

Série A, 2 articles (1365-1779). — Copies de la charte de fondation de l'Hôtel-Dieu de Villers-Bocage par Jeanne Bacon, dame du Molay et de Villers, du consentement de « Nicole, sire de La Laing », son mari (1366); lettres patentes du roi Charles V, autorisant la fondation projetée par Jeanne Bacon (1365). Transformation de l'ancien hôpital et prieuré d'hommes en monastère de religieuses bénédictines, du consentement de Jacques Morin, seigneur et châtelain de Villers, Maisoncelles, Tracy et d'Ecajeul, premier président en la Cour des Aides de Caen, réunie à celle de Rouen (1643), le prieuré étant désert et personne ne demeurant plus dans les maisons qui journellement tombent en ruine. Procès au XVIII° siècle concernant le projet d'extinction et union au monastère des Bénédictines de Bayeux, du prieuré hospitalier de Villers ; transaction en 1779, après arrêt du parlement de Rouen et du Conseil déboutant les évêques de Bayeux de leurs prétentions sur les biens de l'hôpital de Villers.

Série B. 97 articles (1430-1791). — Biens et droits : Villers, Cahagnes, Cahagnolles, La Cambe, Caumont, Cerisy, Chénedollé, Crévecœur, Jurques, Livry, Moult, Norrey, St-Georges-d'Aunay, St-Louet, Thorigny, Tracy, et Viessoix. Donations et fondations : de Pierre Edouard, bourgeois de Caen, en 1430 ; par led. Jacques Morin, en accomplissant les dernières volontés de Gabrielle de Bricqueville, son épouse, fille de Gabriel de Bricqueville, marquis de la Luzerne, maréchal de camp, etc., d'un reliquaire d'or sur lequel il y a nombre de diamants, estimé par gens experts valoir 1.000 livres tournois, « ung grand mouchoir de poinct couppé à ouvrage de Gênes », estimé 300 livres tournois, etc. (1647). Rentes et procédures, correspondances.

Série E. 51 articles. Délibérations, depuis 1771, formation du bureau, jusqu'à 1786. Comptabilité, depuis 1643, date de l'établissement des religieuses, jusqu'à 1791. Le premier registre marque que Jean Truffaut, titulaire du prieuré-hôpital de Villers, ayant cédé tous ses droits à Anne de Belin d'Averton, prieure et supérieure du monastère de Ste-Elisabeth de *Villairs en Bocage*, moyennant une pension de 250 livres ; elle en prit possession le 21 septembre 1642, pour y établir le monastère des Bénédictines. En 1680, paiement à Perine de Tracy, pauvre vieille fille lépreuse, de 8 s. par mois. C'est une date très-moderne, qu'il est intéressant de noter. — Inventaires du mobilier et des archives (1772-1785).

Série F. — 3 articles (1646-1740). — Nominations de prieures ; religieuses, dots et fondations en leur faveur ; filles associées.

Série I. — 2 articles (1665-1790). — Papiers de famille d'Aimée Acarin, morte à l'hospice en 1886. Parmi lesquels : procédure au bailliage de Bayeux entre Anne Le Paroissien, veuve d'Olivier Beljambe, tutrice de ses enfants, demeurant à Nonant, et Marguerite Vernieux, sa servante, se prétendant grosse des œuvres de Nicolas, fils de lad. Anne, et demandant que le père se charge de l'enfant et lui paie, outre 12 livres pour la gésine, 300 livres d'intérêts (1717).

Le dépôt hospitalier de Villers est le 4ᵉ du département dont l'inventaire est actuellement achevé. Le premier volume de la collection des anciennes archives hospitalières va paraître prochainement.

Tel est, en résumé, le travail fourni pendant le dernier exercice par le service des archives.

Veuillez agréer, je vous prie, Monsieur le Préfet, l'expression de mon respectueux dévouement.

L'Archiviste du département,

ARMAND BÉNET.

Caen. — PAGNY, imprimeur de la Préfecture, rue Froide, 27

www.ingramcontent.com/pod-product-compliance
Lightning Source LLC
Chambersburg PA
CBHW060903050426
42453CB00010B/1550